# Gedankenströme fließen durch mein Leben

AF286140

Herma Meuer

# Gedankenströme fließen durch mein Leben

**Band I**

Gedichte
Erzählungen
Aquarelle

Bibliografische Information der Deutschen Bibliothek:
Die Deutsche Bibliothek verzeichnet diese Publikation in der Deutschen Nationalbibliografie; detaillierte bibliografische Daten sind im Internet über http://dnb.ddb.de abrufbar.

© 2008 Herma Meuer
2. Auflage
Herstellung und Verlag: Books on Demand GmbH, Norderstedt
Lektorat: Tamara Pirschalawa
Umschlaggestaltung: Tamara Pirschalawa
Titelbild, Illustrationen: Herma Meuer
Fotos: Isabella Oberle (www.fotobella.de)
ISBN: 978-3-8334-5296-3

Wenn ich einmal
nicht mehr bin,
geschriebene Worte
bleiben.

Meiner Familie
und meinen
Freunden gewidmet.

Herma

# Inhalt

# Zeiten

**Frühling**

Eis und Schnee sind vergangen.
Jetzt kitzelt Wärme unsre Haut.
Wir schnuppern, schmecken
Frühlingswangen,
Schmetterlinge ziehn durch
unsren Bauch.

Die Seele krabbelt Richtung Sonne,
reckt und streckt sich,
stellt sich auf.
Was vorher dunkel und versteckt,
sich nach dem Sonnenlichte reckt.

Mundwinkel schnörkeln
steil nach oben.
Kein hängendes Gesicht.
Der Frühling,
dieser Wunderknabe,
die Herzen aller Menschen bricht.


**Natur**

Stehen bleiben, schauen,
fühlen:
den Wind, die Wolken,
die Blätter der Bäume.
Mein Herz begreift:
kleiner Wicht Mensch
in der großen Natur.

## Vision

Allein auf einer Wiese.
Taunass, kühler und würziger Duft.
Gras und Erde umgeben mich.
Kein Gestank.
Kein Lärm.
Friede und Ruhe
dringen durch meine Haut,
tränken meine Seele.
Allein,
kein lauter Ton
umgibt mein Ohr.
Hör in mich hinein.
Allein.
Keiner, der mich öffnen will!
Keiner, der an meiner Kruste kratzt.
Allein.
Nur mein „Ich"!
Mein Atem,
mein Schnaufen,
mein Augenaufschlag.
Beobachte mich selbst.
Bin ich das?
So ruhig und schläfrig?
Meine Seele eingebettet
in Gelassenheit, Ruhe, Trägheit.
Allein!

## Sternenhimmel im April 1997

Der Abendstern südöstlich steht,
Hale-Bopp nordwestlich geht.
Der Große und der Kleine Wagen
sind kaum zu übersehn.
Manch unbekannter Stern
leuchtet hell und schön.

## Mairegen

Mairegen besprüht
ein Rapsfeld.
Schwalben tauchen
darin ein.

Duft steigt auf
aus dem
Parfümflakon
der Natur.

## Sonne

Sonne brennt auf meiner Haut.
Eine Libelle schwirrt umher.
In Gedanken, Weite, Meer.

Der Wind liebkost, verwöhnt.
Hast du's ihm zugeflüstert?
Sei zärtlich, sanft, nicht lüstern.

Sonne brennt auf meiner Haut.

## Stille

Die Lerche hör ich,
weiter nichts,
atme tief in meinen Bauch.
Den Himmel über mir,
die Erde unter mir.
In der Mitte ich,
weiter nichts.

Atme tief in mich hinein,
spüre mein Sein.
Atme Chi, innere Harmonie.
Atme sanft wie ein Kind.
Die Lerche hör ich,
weiter nichts.

## Kinderpoesie,

wertvoll, kunterbunt.
Gedanken aus einem
Kindermund.
Poesie,
wie Wiesenblumen,
Bergkristall.
Kommt niemals wieder.
Erwachsene singen
andere Lieder.

## Kindervorlieben

Fastfood, Batman,
Barbie, Pippi,
Dream-Team, Fußball,
Freundin Vicky,
Turtles, Radfahren,
ich und du
und natürlich Winnetou.


## Voll Liebe

Mein Lieber,
Liebster,
Liebling,
Liebes.
Keine schöneren Worte
dafür gibt es.
Voll Liebe
diese Worte sind.
Mein lieber Mann.
Mein liebes Kind.
Mein liebster Freund.
Mein Lieb, mein Lieb.
Es schönere Worte
gar nicht gibt.

## Wind

Wind,   nimm meine Gedanken,
verweh, zerstreu sie,
puste sie weg.

Wind,   halt ein, lass sie noch hier.
Glückseligkeit, Heiterkeit,
Traurigkeit, Fröhlichkeit, das
alles ist in mir.

Wind,   mein Freund, so viel
erzähl ich dir,
könnt ich doch fliegen,
schweben, mich in die
Lüfte heben,
meinen Gedanken hinterher.

## Menschenkind

Das Schilf wiegt sich im Wind.
Den Drachen lass fliegen geschwind.
Steckt nicht in jedem Menschen ein Kind?

Drum lass fliegen den Drachen.
Am Boden die Mäuslein lachen,
verkriechen sich ins Mauseloch.

Du, Menschenkind, pass auf.
Der Drachen steigt hinauf,
verliert sich im Wind.

Du, Menschlein, bist zu schwer,
du kannst nicht hinterher.
Lass fliegen den Drachen.

Die Mäuslein am Boden lachen.

## Ein starker Baum

Ich konnte ihn umarmen,
mich an ihn lehnen.
Er spürte meinen Herzschlag,
mein Traurigsein, mein Sehnen
nach Ruhe, Kraft, Gesundheit.
War es vermessen?
Danken möchte ich dir,
du, mein starker Baum.
Nie werd ich diese Zeit vergessen.

Du göttlicher Baum.
Ich gab die Kräfte weiter,
an Menschen, die mir wichtig sind
in meinem Leben.
Ich bete auch für dich, dass du noch
lange bist auf Erden,
dass andre Menschen durch dich
diese Erfahrung machen,
zufrieden sind und wieder lachen.

## Du bist da

Du bist da, wie ein Windhauch,
der mich sanft umweht.

Wie ein Sturm, der nie vergeht.
Du bist zu spüren, ich werde dich nie
verlieren.

Doch Winde verwehen,
Stürme vergehen …

## Sinfonie

Sinfonie in Gold,
herbstlicher Tanz,
er hat begonnen.
Wie die Leidenschaft
einer Frau, die grad
zerronnen.
Die letzten Flammen
blitzen auf.
Rot, golden, gelb
färbt sich das Laub.

## Herbstwind

Wind streicht über mein Gesicht.
Streck mich ihm entgegen.
Spürst du ihn auch,
diesen Herbstwindhauch?

Wind fährt durch mein Haar,
flitzt durch Beete und Felder.
Danach wird's, wie jedes Jahr,
langsam kalt und kälter.
Wind saust, pfeift und singt
über dunkle Wälder,
umweht kahle Bäume.
Ade, ihr Sommerträume.

## August

Der Sommer sucht das Weite.
August, wie ein Clown,
von dannen zieht
mit einem lachenden und
einem weinenden Auge.
Melancholie leicht herüberweht.

Nun fallen reife Früchte
von den Bäumen.
Das Korn, es steht nicht mehr.
Doch in den Gärten wogt noch immer
ein wunderbares Blumenmeer.

## Novembermorgen

Silbrige Tropfen des Morgentaus,
Wolkenfelder, grau, schwarz, rot.
Erdschollen glänzen wie Laibe Brot.
Windarien, schaurig und schön.
Wolken fliehen dahin
zu einem neuen Beginn.

## November-Wolkenspiel

Flüchtige Wolken,
dahinziehendes
Wolkenspiel,
Wolkenfetzen,
auf der Flucht.
Kleine Lichtstraßen
durchziehen düstere
Wolkenberge.

## Weihnachten

Besinnlichkeit, Wärme, einander lieben.
Den Nächsten beschenken:
Leih ihm dein Ohr, das bringt für dich
wirklich Freude hervor.

Menschen bemerken, die einsam, allein,
auch wenn sie zu vieren oder zu zwein.
Es gibt so viel, das man tun kann auf Erden.
Nur nicht gleichgültig, selbstzufrieden
werden.

**Wanderung**

durch Maiengrün, Vogelbunt,
Blütenweiß und Rapsfeldgelb:
ein Blütenteppich, ausgestellt
von der Künstlerin Natur.

Das Himmelsmeer so blau.
Weit kann das Auge schauen
über unsre Wetterauen.

Der Löwenzahn blüht kugeligweiß.
Ein Windhauch und er stiebt davon,
zur nächsten Maienblühsaison.

Die Birkenbäume silbrig glänzen.
Die Blätter streichelnd sich berühren,
wie Liebende sich zum ersten Mal spüren.

Wenn dann die Säfte versiegen,
vergehen, verwehen dahin,
zu einem neuen Beginn,
werden wir wieder schauen,
über unsre Auen.

# Lebensströme

## Spinne im Morgentau

Spinne im Morgentau
verirrt sich
unter die Dusche.
Grazil hängt sie da,
spinnt ihre Fäden.

Manche Frau könnt sie
beneiden ob ihrer
schlanken Beine.
Ganz zu schweigen
von der Kunst
des Spinnens.

Spinne-Spinnerin-Spinner,
Gedankenfäden hängen
im Gehirn,
wiegen hin und her,
zerreißen
im Gedankenlabyrinth.

Spinne weiter Lebensspuren.

**Harfe und Wasser**

Harfenklänge rinnen in unser
Inneres.
Plätschernd und murmelnd
wie ein ruhiger Bach.
Sprudelnd und klar wie eine
Quelle.

Wie Gedankenströme
fließen ihre Töne.
dunkel, mystisch
wie die Tiefen des Meeres
oder fluckernd und glucksend
wie die Freude der Kinder.

Perlend kommen die Töne herüber.
Aber auch voller Kraft.
Das Wasser lässt ähnliche Musik
erklingen.
Es seufzt, raunt und vibriert.
Es kommuniziert mit uns.

Hat es eine Seele?
Harfe und Wasser im Einklang.

## Tropfentanz der Gedanken

Ein Rinnsal wird zu einem
Gurgeln und Tosen,
wird eine Sturmflut, ein Wasserfall.
Strömungen und Gegenströmungen
begegnen sich.

Gedanken werden zu einem
mitreißenden Fluss.
Ebben wieder ab, perlen und nieseln,
wie nach einem Regenschauer.
Branden wieder auf, um erneut
zu gurgeln und zu tosen.

## Mein erster Marathon
## Frankfurt 1990

Marathon, klingt wie ein fremdes Wort,
geheimnisvoll wie Mohn, Marathon.
Der Anfang war beschwingt und heiter.
Ich lief und lief immer weiter,
Marathon.
Auf ein Wagnis ließ ich mich ein.
So weit die Füße tragen,
wollt ich es wagen.
Marathon.

War ich so weit schon? Ich konnt es kaum
fassen,
bin ich das, die da läuft auf den Straßen?
Marathon.

Ein Tippen und Tappen, Stöhnen und
Schnaufen.
Es sind tatsächlich noch andre, die da
laufen,
Marathon.

Bei Kilometer 30, die Zuschauer klatschen,
feuern mich an,
Mensch, ich bin glücklich, dass ich noch
kann.
Laufen, laufen, immer weiter,
nicht mehr ganz so beschwingt und heiter.
Marathon.

Wann werden sie kommen, die Geister,
die Qualen, die Pein?
Werden sie bald schon meine Begleiter sein?
Kilometer 36, jetzt ist es soweit.
Muss mich überlisten, überzeugen.
Die letzten Kilometer, können sie mich
beugen?
Ich seh den Hammer-Mann und mir wird
klar,
endlich, ich bin gleich da.

Doch was ist das, mein Darm und Magen,
fangen an, mich zu plagen.
Doch ich geb nicht auf, laufe Marathon.
Laufe den Plagegeistern davon.
Anfangs beschwingt und heiter,
jetzt monoton, doch immer weiter, weiter.

Marathon, 490 vor Christus, da waren
Männer in Sorge um ihre Frauen und Kinder.
Sie liefen von dem Dorf Marathon nach
Athen,
490 vor Christus ist das geschehn.
Warum laufe ich Marathon? Kann es nicht
sagen,
Fragen über Fragen.

Ich hab's, das Ziel, das Ziel ist's, was mich
treibt.
Den inneren Schweinehund zu bezwingen,
ans Ziel zu kommen, es muss gelingen.
Es ist nicht mehr weit,
ein, zwei Schritte noch.
Endlich bin ich am Ziel.

Marathon aus, ich hab's geschafft, hab mich
bezwungen.
Mein erster Marathon, er ist mir gelungen,
es ist vollbracht.
Sein Geheimnis hab ich mir aufgemacht.

Es heißt laufen, laufen, immer weiter …

## Liebe

Wenn Igel Liebe machen,
unvorstellbar.
Wenn alte Menschen Liebe machen,
unvorstellbar.

Doch Liebe macht alles vorstellbar.


## Frau hat

Frau hat Handy am Ohr.
Mann in der Leitung.
Liebsten in der Warteschleife.
Hund an der Hand,
Kind an der Leine.


## Der Stich

Ein Stich,
er tut nicht weh,
hängt über dem –
Kanapee

## Raucher und Raucherinnen

Sie frönen der Last des Rauchens, setzen
sich
der Verdunkelungs-Gefahr aus, freiwillig.
Schwaden von Rauch umwabern ihr Gehirn.
Schwarz wie die Seele eines Ungeheuers
ist ihr Inneres. Doch sie scheuen weiterhin
das Licht.

Sterben müssen wir alle, fragt sich nur wie.
Kinder und Jugendliche wachsen in dieser
Verdunkelungsgefahr auf.
Haben sie die Kraft, diesen Dunstschwaden
zu widerstehen?

Schön, wenn sie in dieser verschmutzten
Umwelt noch etwas Helligkeit, Leichtigkeit
atmen können.
Wir sollten sie hüten wie einen Kokon, aus
dem
ein bunter Schmetterling entsteht.

Leicht und bunt, wenn die Zeit gekommen
ist,
ins Leben fliegen lassen.
Ohne Verdunkelung.

## Buschmann-Kinder

Wie kleine Antilopen
kommen sie angerannt.
Neugierde in ihrem Blick.
Offen begegnen sie uns.
Unverdorbene Gedanken
fliegen zu uns herüber.

Kleine schwarze Leiber
setzen sich auf die Erde.
Dichtgedrängt, um sich zu
wärmen.
Die Köpfe schmückt
dichtes Pfefferkornhaar.

Kein Weißer kann sich
solcher Haarpracht rühmen.
In kleinen runden Büscheln
kommt es aus den kleinen
Buschmann-Köpfen.
Wie gesäte Pfefferkörner.

Sitzen auf der Erde, eingehüllt
in Erde und den Staub der
Savanne.
Die Alten gleichen schon
ausgetrockneten dürren Menschen-
ästchen. Tiefe Runen im Gesicht.

Wasser, Wasser, Wasser …
Wo ist Wasser …?
Die Buschmann-Kinder haben keins.

Wenn, dann müssen sie es sich
von weit her holen.
Oft nur ein Tropfen auf den heißen Stein.

Ein Glas Wasser, ich trinke es bewusst,
Tropfen um Tropfen. Schließe die Augen,
die Bilder der Buschmann-Familien in
Afrika, sie lassen mich nicht los.
Ausgetrocknete Menschenästchen,
eingehüllt in Staub.

Wo ist Wasser?

WIR haben Wasser, Wasser, Wasser …


**Das Wasserrad**

Wasser fließt mit aller Kraft
über das Rad, treibt es an.
Leises, regelmäßiges Plätschern
des Flusses. Ruhig nehme ich
es auf.

Doch wenn das Flüsschen
ausgetrocknet ist, die ganze
Energie verloren geht,
braucht es lange, bis ein
leises Plätschern zu hören ist.

Geh sparsam und sorgsam um
mit deiner Energie und Kraft,
die dir zuteil wird, kostenlos,
aus dem großen Universum.

Das Lebensrad, es treibt dich an.

Wenn du zu viel abgibst,
holpert es, hat Mühe
wieder in Gang zu kommen.
Oftmals rattert es
über Stock und Stein,

hochtourig, überlastet mit banalem
und unnötigem Ballast.
Wirf diesen Ballast ab,
wie bei einer Ballonfahrt,
um wieder an Höhe zu gewinnen.

Gib nicht alle Kraft und Energie
unnötig aus.

Wasser, unser Lebensstrom.


**Gedanken an den Tod**

Gedanken an den Tod,
schwarz, grau, rot.
Was kommt danach?

Bin ich ein kleines Ding,
ein Schmetterling?
Eine Maus, aus?

Einmal wird es soweit sein.
Dann werd ich es wissen.
Werd ich mein „Ich" vermissen?

Wie es kommt, ist es recht,
Tot ist tot.
Wenn man am Bett eines Toten steht,
gehört man nicht mehr dazu.
Man ist außen vor.

Die Seele ist schon vorausgeflogen.
Dahin, wo nur Tote zu Hause sind.
Was hat Mama gesagt?

Ich will nach Hause!

Die Seele ist da, wo nur
Tote zu Hause sind. Die Hülle
ist einem fremd.


**Der Kreis**

Rind grast auf der Weide.
Frisst sich in die
Fast-Food-Kette.
Danach durchläuft es
Darmschleusen,
um verdaut wieder auf der
Weide zu landen.

**Die D-Mark**

Eine ältere Dame von 54 Jahr,
nimmt Abschied, für immer.
Wir erinnern uns, wie es war.

1948, als sie frisch war und jung,
war sie beteiligt am Nachkriegs-
aufbau und -aufschwung.

Vertraut war sie uns
wie eine Freundin, ja …
Doch plötzlich ist sie nicht mehr
da.


**Reiß auf das Maul,**

lass raus den Frust.
Kannst du nicht,
klar kannst du.
Mach's wie das Flusspferd,
die Nilpferdkuh.
Reiß auf das Maul,
du wirst schon sehn,
so kann's dir
wieder besser gehn.
Was bleibt, bist du,
mach's endlich wie die
Flusspferdkuh,
reiß auf das Maul …

## Das Frühstücksei

Im Gange ist ne Barbar-ei,
rund um des Deutschen
Frühstücks-Ei.
Der Eine klopft,
der Andre köpft,
ist lang noch nicht erschöpft.
Nach innen muss er sich begeben,
zum Mittelpunkt durchschmausen.
Goldgelb und honigweich,
der Mittelpunkt, er ist erreicht.
Ei-klar ist, man macht nun
'ne Paus von diesem
Barbar-eier-schmaus.

**Ein Mensch,**

laufend unterwegs.
Häuser säumen seinen
Weg.
Schnecken mit ihren Häusern
begegnen ihm.
Fußspuren hinter sich lassend,
nähert er sich denen, die unter
ihm liegen, kriechen.

Er hat es in der Hand,
ob er zerstört wie ein
Tsunami oder dahinläuft,
ohne Spuren der Verwüstung
zu hinterlassen.
Der Mensch, kleiner als so manches
wertvolle Lebewesen auf diesem
blauen Planeten.

Er hat es in der Hand,
seine Fußspuren
in unsrer göttlichen Welt
nicht als Spuren
der Vernichtung, des Zerfledderns
zu hinterlassen.

## Schäferhund „der Erste"

Mein treuer alter Moritzhund,
läufst mit mir durch die Felder.
Mal stürmisch, ungestüm,
dann wieder sehen wir die
Wolken ziehn.
Bin ich betrübt, so spürst du das.
Schaust mich fragend an.
Als wolltest du mir sagen,
komm, Mensch, sei fröhlich,
hüpf mit mir, lass alle Sorgen sein,
du bist nicht allein.

## Schäferhund „der Zweite"

Nach einigen Jahren
Hundeabstinenz
ging es mit Maxl weiter.
Schon der Name zeigt
die Verbundenheit
mit dem Freistaat Bayern.

Unser Maxl is e Gscheiter,
renn i weiter, bleibt er stehn,
um sich die Gegend anzusehn.
Bleib i stehn, rennt er weiter,
jo, unser Maxl is e Gscheiter.

# Gemischte Gefühle

## Mein Leben

Mein Leben zählt nun
sechzig Lenze.
Die Lerche hört ich
und den Donnerton.
In Afrika war ich
und in anderen Landen.
Giraffen sah ich
und den Himmelsstrom.

Viele Menschen kreuzten
meine Wege
beim Auf und Ab,
den Tiefen und den Höhn.
Wie ein Wanderer
kann ich sagen:
manchmal beschwerlich,
doch auch schön.

Ich sag Ja zu diesem Leben.
Heiterkeit beflügelt eben
im Jetzt und Hier.

Doch Endlichkeit
ich akzeptier.

## Wer bin ich

Wer bin ich?
Ich frag es mich täglich
aufs Neu.
Zwei Seelen
in meiner Brust.
Hab nichts davon gewusst.

## Für immer

für immer
ausgewischt
Schwamm
drüber
weg damit
ausrangiert
weggepackt
könnte sein
für ewig
Schublade zu
für immer?

**Auf meiner Reise**

Auf meiner Reise zur
Ruhe und Gelassenheit
nehme ich dich mit.

Kein Flimmern.
Bin erlöst.
Frei von jeglicher
Unruhe.

Erstaunt nehme ich es
zur Kenntnis.


**Die Selbstzweifel**

Die Selbstzweifel
geben einem
die Kraft,
gut zu sein.


**Gedanken**

Mit ihnen allein,
gehören nur mir,
hab ich für mich.
Niemand hat daran teil.
Wenn ich nicht will,
gehören sie nur mir,
meine Gedanken.

## Woge der Vergangenheit

Eine Flut von Gefühlen,
Gedanken, die mich fast zerstören.
Eine Riesenwelle,
die über mich schwappt.
Was war daran so einmalig?

Eine kleine Woge ist geblieben.
Sanft, ohne Donner und Getöse.
Meine Gefühle leise, fast wehmütig,
ein Kräuseln des Meeres.


## Seelenschmerz

Ein Hämmern und Rumoren,
der ganze Körper in Aufruhr.
Das Herz pocht, rast und springt,
will raus aus meiner Brust.
Es würgt, beutelt und schüttelt mich,
Übelkeit im großen Zeh,
unbeschreiblicher Schmerz.

**Tanz auf dem Seil,**

zwischen Leidenschaft
und Gefahr.
Ein Schritt zu viel
zerstört all das,
was war.
Da ist nichts,
was dich hält,
nichts darf dich
aus dem Gleichgewicht
bringen.
Tanzen oder springen.
Hast du die Mitte erreicht,
gibt es kein Zurück.
Gleich weit entfernt
vom Glück.
Tanz auf dem Seil,
zwischen Leidenschaft
und Gefahr.


**Neugierde**

ist es, was mich treibt,
so vieles möchte ich noch
erkunden.
Mir bleiben vielleicht
Tage, Stunden
oder eine lange Ewigkeit.

## Glück

Glück — erkennt man
mit dem Herzen —
hat tausend Stufen.
Ist zerbrechlich,
vergänglich.
Nicht lebenslänglich.

Glück ist flüchtig
wie alles Schöne.
Es gleicht dem Ball:
Der steigt zum Fall.

Glück, wir können
es jagen,
aber nicht erzwingen.
Die Gnade der Schöpfung
kann es uns bringen.
Glück ist vergänglich,
nicht lebenslänglich.

## Erspüren

Spüre mich auf
Spüre meine Seele
Spüre mein Sein
Spüre mich allein

## Gedanken

kann man nicht wegwischen,
sind einfach da.
Huschen durch deinen Kopf.
Manchmal wie Nebel,
verschwommen, verwoben.
Dann wieder klar und rein.
Wie eine Quelle,
ein klarer Gebirgsbach.

Ich lasse meine Gedanken fliegen.
Sie fliegen davon, huschen vorbei,
kommen zurück, sind einfach da.
Ein Teil von mir.
Lassen sich nicht wegwischen.
Ich versuche es, sie bleiben.

So, als hätte ich auf eine Schultafel
mit Kreide meine Gedanken
aufgeschrieben und versucht,
sie mit einem Schwamm wegzuwischen.
Die Kreide wird trocken, die Konturen
des Geschriebenen werden wieder sichtbar.
Habe nicht gründlich weggewischt.
Es ist noch alles da.

Gedanken kann man nicht wegwischen.

## Erkennen

Habe mich erkannt,
mich überführt,
mein Innenleben aufgespürt.
Was sonst verschlossen
und versteckt,
habe ich aufgedeckt.
Hell und dunkel,
Yin und Yang
wechseln ab,
ein Leben lang.

Meine Seele,
tief in mir,
frisst sie mich auf,
lässt sie mich hier?
Ich weiß es nicht.
Doch mir wird klar,
dass dies nur ein
Spaziergang war.

Durch mein Inneres,
durch meine Seele,
auf dass ich mich
erneut dann quäle.
Um mich wieder
aufzuspüren,
auf meiner Seele
zu spazieren.
Hell und dunkel,
Yin und Yang
wechseln ab,
ein Leben lang.

## Zeit

Zeit bleibt mir nicht viel.
Zeit, dich anzuschauen.
Zeit, dich zu liebkosen.
Zeit, dich zu verführen.
Zeit, deinen Wohlgeruch zu spüren.
Zeit bleibt mir nicht viel.
Zeit, für ein Liebesspiel.
Zeit, für dich und mich.
Zeit, mit dir zu lachen.
Zeit, mich hinzugeben.
Zeit, mit dir zu schweben.
Zeit, dich einfach zu mögen.
Zeit bleibt mir nicht viel.

## Die Zeit

Die Zeit, sie rinnt dahin.
Heute glücklich und frei,
morgen schon vorbei.
Lebe den Augenblick.
Lebe den Zauber.
Die Zeit nimmt alles fort.
Hier und dort.

## Flüchtige Begegnung

Du sollst von meiner Angst wissen.
Ich will über meine Gefühle reden.
Über diese flüchtige Begegnung.
Über deinen flüchtigen Händedruck.
Deine flüchtigen Worte.

Deine Augen auf der Flucht.
Keine Wärme in deinen Augen.
Spürte ich Ablehnung?
Wolltest du mir überhaupt begegnen?
Flüchtig.

Ich hab dich angesehen.
Ich hab in dich hineingesehen.
Hindurchgesehen.
Flüchtig.
Du warst ein Fremder.
Auf der Flucht vor dir selbst.

## Ver-rückt

Manchmal heißt es:
Er ist verrückt geworden.
Ich kann mir vorstellen,
dass sich dieser Mensch
in sein Ver-rückt-Sein
hineinlebt.
Er ver-rückt sein „Sein".
Erst dann kann er so „sein",
wie er will.

## Das Wesen

Oftmals schon
änderte sich mein Wesen.
Neunmal sieben
bin ich schon gewesen.
Ab sieben durfte ich kein
Kind mehr sein.
Mit vierzehn trat in die Pubertät
ich ein.
Mit einundzwanzig Mutter
ich schon war.

Dazwischen liegen Jahre
voller Schmerz und Glück.
Mit achtundzwanzig
dacht ich nicht zurück.
Mit fünfunddreißig war's
noch lange hin, zu denken,
wie als Greisin ich wohl bin.
Mit zweiundvierzig hielt ich ein.
Mit neunundvierzig ich begann,
mein Leben neu zu überdenken.

Versuche dieses Leben
so zu leben, dass ich noch
Leben leben kann und spür.
Dass ich mit sechsundfünfzig
sagen konnt: Ich „bin".
Mit dreiundsechzig wieder ändert
sich meine Seele, mein Wesen.

In sieben Jahren,
bin ich dann „gewesen"?

# Erzählungen

## Der „Erstküssler"

Dreizehn? Oder doch schon vierzehn? Beginnende Sehnsucht nach etwas „Einmaligem", etwas, das ich bis dahin nicht kannte, erfasste mich. Viele meiner Freundinnen hatten dieses Einmalige, Unbekannte schon kennen gelernt.
Ich hörte aus ihren Schilderungen, dass es etwas Besonderes, Wunderbares war.
Doch manche waren gar nicht von diesem „ersten Kuss" begeistert.
Bei mir sollte dieser erste Kuss alles, was es bisher in meinem Leben gab, übertreffen!
Karl, Karli, wie wir ihn nannten, er sollte mein „Erstküssler" sein. Meine Schulkameraden, die waren für mich viiiieeeel zu jung, ich fand die meisten von ihnen blöd. Außer, sie ließen mich beim Fußballspielen mitkicken.
Einen Vorteil hatte ich, meinen kleinen Bruder. Er war erst zwölf, aber damals schon ein Fußballverrückter. Er hatte das Sagen, wenn er es wollte, durfte ich mitspielen.
Karli war der Älteste, er war siebzehn. Selten, dass er mitspielte. Er verfolgte das Geschehen vom Spielfeldrand. Immer mehr begann es mich zu stören, wenn Karl zuschaute. Ich täuschte oftmals eine Verletzung vor, wenn ich sah, dass Karli am Feldrand stand.
Ich hatte keinen Spaß mehr daran, mit den Jungs rumzukicken. Was war nur los mit mir? Meine Freundin Wera war in Karl verknallt und viele andere Mädels auch. Mit mir wollte der sicherlich nichts zu tun haben. Alle Mädchen in unsrem kleinen Ort hatten nur Karl im Kopf. Er war so anders, heute würde man sagen, er sei

ein „Schönling". Tja, er war aber auch toll. Er hatte wunderbare Locken, die ihm immer ins Gesicht hingen.

Karl war stets höflich und freundlich zu allen Mädchen. Von wegen anbaggern, das hatte Karl nicht nötig. Alle warfen sich ihm an den Hals. Er konnte jede haben. Immer wieder hörte ich von älteren Mädels, wie gut er küssen könne. Ich wollte auch mal von ihm geküsst werden. Aber so eine wie mich? Ich konnte mir nicht vorstellen, dass er mich küssen würde. Da gab es die rote Lilli, die war etwas Besonderes mit ihren roten Haaren. Oder die Doris, die hatte wundervolle schwarze Haare. Wera, meine Freundin, die hatte ganz dolle, runde Brüste. Aber ich? Was hätte ihm an mir schon gefallen können?

Karl beherrschte mein tägliches Denken. Ich schrieb die tollsten Geschichten in mein Tagebuch. Ich malte mir aus, wie dieser erste Kuss sein würde.

Oft war ich bei Waltraud, Karls jüngerer Schwester. Wally und ich verstanden uns prima. Gerne war ich in dieser Familie. Es war dort alles so anders. Eben eine Großfamilie, das fand ich einfach toll. Karl hatte noch eine große Schwester und einen kleineren Bruder. Eine Cousine und ein Cousin lebten auch mit in diesem Haushalt. Ich hatte leider nur einen kleinen Bruder.

Ein bisschen sonderbar ging es bei Karls Familie schon zu. Für mich waren „Onkelehe" und „wilde Ehe" fremde Begriffe. Aber bei Karl lebten alle Erwachsenen in einer „wilden Ehe". Meine Mutter sagte, dies sei eine unmoralische

Familie, und sie sehe es gar nicht gerne, dass ich so oft dort verkehre. Mir war es egal, wie sie darüber dachte. Heimlich besuchte ich sie öfter. Es ging immer lustig und fröhlich bei Karlis Familie zu. Wir spielten manchmal Blindekuh, das fand ich immer am schönsten. Vor allem, wenn Karl mit verbundenen Augen mich erwischte. Ich war selig, wenn er mit seinen Händen versuchte, herauszubekommen, wen er vor sich hatte. Ganz nahe kam er mir. Wie gerne hätte ich gehabt, dass er mich zum ersten Mal küsst. Es sollte nicht mehr lange dauern. Eines Abends, es war schon dunkel, ich wohnte am anderen Ende unseres Dorfes, brachte mich Karli nach Hause. Seine Mutter sagte ihm, er solle mich gut heimbringen.

Ich war voller Erwartung. Karl nahm mich an die Hand. Wir gingen einen Umweg. Unser Örtchen war schnell durchlaufen, weniger als 800 Einwohner zählte dieser Ort damals. Jeder kannte jeden.

Hoffentlich sah uns niemand. Ganz dicht drängte ich mich an Karl. Er sagte mir, wie gut ich doch beim Fußballspielen sei, dass ich durchaus mit den Buben mithalten könne, außer mit meinem kleinen Bruder, der sei besser.

Ich hatte keine Lust, mich mit ihm über Fußball und meinen Bruder Willi zu unterhalten.

„Ich werde in Zukunft nicht mehr Fußball spielen", sagte ich.

„Ja warum denn nicht?", erwiderte Karl.

„Ich suche meinen Erstküssler!"

„Was? Wen suchst du?", fragte Karl.

Wir waren nicht mehr weit von unserem Hauseingang entfernt. „Ach Karli, ich habe gehört, dass du schon ganz viele Mädchen geküsst hast."

Karl blieb stehen. „Wer behauptet das?"

„Na ja, viele …", sagte ich.

„Weißt du, meine Kleine, du darfst nicht alles glauben, was man so erzählt."

Er hatte mich „meine Kleine" genannt. Ich konnte es kaum fassen. Wir waren noch eine kleine Biegung weiter gegangen. Mir war kalt. Es war Februar, in einigen Tagen würde ich fünfzehn Jahre alt. Karl nahm meine Hände in die seinen und rubbelte sie warm. Und ich schmiegte mich ganz dicht an ihn. Er musste doch spüren, dass ich ihn ganz doll gern hatte. Karl nahm mich in seine Arme, er wiegte mich hin und her. Mir war ganz schwindlig. Endlich, endlich. „Bitte, lieber Gott, er soll mich endlich küssen!" Eine wohlige Wärme durchströmte meinen Körper. Ich war zum ersten Mal unsterblich verliebt!

Plötzlich hörte er auf, mich wie ein kleines Kind hin und her zu wiegen. Er stellte sich vor mich hin, nahm mein Gesicht in beide Hände und küsste mich. Zart wie zwei Wattebäusche trafen sich unsere Lippen. Zärtlich strich er mir über das erhitzte Gesicht. „Du bist ein hübsches Mädchen, ich bin froh, dein Erstküssler zu sein", flüsterte er mir ins Ohr.

Ich war wie verzaubert. Karli war mein Erstküssler geworden.

Er brachte mich wohlbehalten bis vors Haus. Mein Bruder, diese kleine Nervensäge, öffnete die Tür. Karli verabschiedete sich schnell. „Willi, du bist unser Verbündeter, sag deiner Mama nix von uns, versprichst du mir das?" Willi schaute von einem zum anderen. „Hast du sie geküsst?"

Ich wurde rot wie ein wilder Klatschmohn auf der Wiese.

„Soll ich dir was sagen?", hörte ich meinen Bruder plappern. „Ich hab gesehen, wie sie sich Watte in den Büstenhalter gesteckt hat." Ich ging auf ihn los, um ihm den Mund zuzuhalten. Dann drehte ich mich um, aber Karl war verschwunden.

In den nächsten Tagen ging ich wie auf Wolken. Ich war verliebt. Karl jedoch bekam ich nicht zu Gesicht. Ich besuchte seine Familie in der Hoffnung, ihn dort zu treffen. Er war nicht da. Ich hatte auch keine Lust, länger als nötig dazubleiben. Ohne Karl machten die schönsten Spiele keinen Spaß. Als ich mich von Wally verabschiedete, sagte sie mir an der Tür, dass sie wohl bald wegziehen würden. „In eine größere Stadt." „Aber Karl doch nicht?", erwiderte ich.

„Doch, auch Karl", antwortete sie. „Aber warte mal …" Sie zog ein Kuvert aus ihrer Schürzentasche und reichte es mir. „Hier, das soll ich dir geben."

Ich riss ihr das Kuvert aus der Hand und rannte davon. Zuhause angekommen, ging ich sofort auf mein Zimmer, unter dem Vorwand, dass es mir schlecht sei und ich mich sofort ins Bett legen wolle. Meine Mutter sah mich besorgt an.

„Ja, aber heut gibt's doch Blut und Leberwürstchen mit Sauerkraut, das isst du doch so gerne", rief meine Mutter hinter mir her. Und ob ich das gerne essen würde. Alle vierzehn Tage gab es mal Fleisch und Wurst. Aber selbst dieses verlockende Angebot konnte mich nicht fröhlich stimmen. Ich legte mich ins Bett und zog die Decke über den Kopf. Mit einer Taschenlampe begann ich den Brief zu lesen, den mir Karli geschrieben hatte:

Meine Kleine,

wenn du diesen Brief bekommst, bin ich schon in einer großen Stadt, wo ich Arbeit gefunden habe. Meine ältere Schwester und ich machen den Anfang. Die anderen folgen nach. Sei nicht traurig. Du bist ein wunderbares Mädchen. Ich werde an dich denken, vor allem, weil ich dein Erstküssler sein durfte. Die Küsse mit dir waren was ganz Besonderes. Was ich noch an dir mag? Wenn du rot wirst! Ich sehe dich jetzt vor mir, wie du errötest.

Bewahre dir noch ein bisschen deine Unschuld. Übrigens, du hast es nicht nötig, deinen Büstenhalter mit Watte auszustopfen, wie es manche Mädchen machen. Also denk daran, mache diesen Unsinn nicht mit.

Ich schicke dir tausend Luftküsse. Wie das geht? Nun, immer wenn dich ein Windhauch berührt, sind das Luftküsse von mir.

Dein Karl

Ich schluchzte und heulte mich in den Schlaf.

## Der erste Liebes-Seelenschmerz

Ein Hämmern und Rumoren,
mein ganzer Körper in Aufruhr.
Mein Herz pocht, rast und springt,
will raus aus meiner Brust.
Es würgt, beutelt und schüttelt mich,
Übelkeit in meinem großen Zeh.
Unbeschreiblicher Schmerz …

Nach 45 Jahren ist die Erinnerung an diesen ersten Kuss noch da. Mein Erstküssler Karl, der schon nicht mehr hier auf Erden ist, schickt mir immer noch Luftküsse.
Wie das funktioniert? Nun, wenn ein Windhauch mich umweht, dann sind das Luftküsse von Karli …

## Der Goldzahn

Es war Samstag in der Früh. Wie früh? Na, immerhin schon fünf Uhr! Das heißt, man könnte auch sagen, erst fünf Uhr. Denn am Wochenende möchte man ja hin und wieder mal ausschlafen, wenn man nicht zur Arbeit muss. So wie Antonia. Doch die ratterte mit ihrer alten Schrottkiste auf der Autobahn entlang Richtung Frankfurt.

„Bitte, lieber Gott, lass mich heute noch mal ankommen", betete Antonia. „Nächste Woche werde ich ganz bestimmt schauen, dass ich eine Werkstatt finde, die unsere Rappelkiste wieder in Ordnung bringt.

„Ich lasse auch noch ein Vaterunser folgen, wenn wir wieder ohne Panne zurückkommen!"

Xaver, ihr elfjähriger Sohn, saß derweil neben seiner „Mum", wie er sie nannte, und döste vor sich hin. „Du, Mum, wie wäre es, wenn du unserem Mistkäfer mal Beine machtest? Wenn wir nämlich zu spät kommen, kriegen wir keinen gscheiten Platz mehr."

Sie waren auf dem Weg vom Umland zum Trödelmarkt nach Frankfurt, der einmal im Monat entlang des Mains stattfand.

Antonia war allein erziehende Mutter, gelernte PTA (pharmazeutische technische Assistentin), derzeit in einer Tierklinik tätig und zugezogen aus Rosenheim in der Nähe von München.

Dass die beiden keine Hessen waren, war nicht zu überhören. Sie sprachen Hochdeutsch mit einem unverfälschten bajuwarischen Akzent. Besonders Toni – wenn sie sich aufregte, sprudelte es nur so aus ihr heraus. Na ja, und der Name „Xaver" ist im Rhein-Maingebiet auch nicht gerade „in". Am Türschild zu ihrer kleinen Wohnung steht in bunter Kinderschrift: „Hier wohnen Xaver und Toni Pavlowa." Der Nachname tanzt auch aus der Reihe, klingt osteuropäisch.

Xaver hielt im Moment eine Dose in der Hand. Er schaute interessiert auf den Inhalt. Da waren Broschen, Ohrringe, Ringe, all so ein „Zeug" drin, wie er sich ausdrückte. Modeschmuck, Talmi. Diese Sachen bekommen sie von Freunden und Bekannten geschenkt. Auch andere Dinge, zum Beispiel gebrauchte Kleidung, Gegenstände für den alltäglichen Gebrauch und vieles mehr. „Mit em bisserl Glück", wie Toni sich ausdrückte, „konnte man diese Sachen loswerden." Für Antonia war es eine kleine Einnahme. Aber was auch wichtig war, sie hatten eine Menge Spaß.

Xaver hielt plötzlich etwas „Goldiges" in seiner Hand. „Wow, Mum, schau mal, ein Goldzahn!" Plötzlich wurschtelte er in seinem Mund rum, er versuchte den Goldzahn in seine Zahnlücke zu klemmen. Toni musste sich auf das Fahren konzentrieren, bekam deshalb diese „Zahnkorrektur", die Xaver an sich vornahm, nicht mit.

„Wir sind da, Xaver", hörte er seine Mutter sagen.

Sie hatten immer den gleichen Stellplatz, den mieteten sie schon ein Jahr im Voraus. Jetzt ging alles ganz schnell: Tapetentisch raus, 'ne Decke drüber, alles, was sie dabei hatten, wurde sorgfältig aufgestellt und hingehängt, Klappstuhl raus. Jetzt konnte es losgehen.

„Xaver, du bist heut ja so staat, sagst gar nix? Sonst steht dein Goscherl net still.“

Xaver baute sich vor seiner Mum auf, riss seinen Mund auf, so weit er konnte.

„Naaa, des gibt's doch net, des is ja mein Goldzahn! Jasagemoal, wie kommt denn mein Goldzahn in deinen Mund?“

Mittlerweile hatte Xaver schon probiert, diese Goldkrone wieder aus seinem Mund zu entfernen, doch, sapperment, do geht nix!

Jetzt merkte auch seine Mum, dass da ein Problem auf sie zukommen könnte. Es hatte sich schon eine kleine Menschentraube vor dem Stand angesammelt. Die meisten hatten Ratschläge parat, die nichts taugten. Viele fanden es lustig und veräppelten die beiden bei ihrer Aktion, diesen Goldzahn wieder aus dem Mund von Xaver zu entfernen.

Ein Standnachbar rief: „Mensch Xaver, jetzt bist du für die Mädels in deiner Klasse ein steiler Goldzahn!“

Lautes Gelächter. Antonia wurde langsam nervös, doch Xaver, dieser kleine Kerl, er blieb ganz cool. „Cool“, das war eines seiner Lieblingswörter. Und Witze erzählen, das fand er auch cool. Vor allem Blondinenwitze hatten es dem Kerlchen angetan. Antonia war davon nicht so begeistert. Sie musste ihn oftmals bremsen. Da, endlich, der Zahn war draußen. Xaver grinste mit seiner Zahnlücke in die Runde.

„Also Xaver, du kannst einen schon auf Trab halten.“

Nebenan machte es sich die Standnachbarin gemütlich, Xaver winkte ihr zu. Antonia war grade dabei, einen heißen Tee in eine Tasse zu gießen. Die Menschentraube hatte sich aufgelöst. Die Menschen liefen von Stand zu Stand, um ein Schnäppchen zu machen. Auch Antonia konnte einiges verkaufen. Xaver fixierte angestrengt die ältere Dame am Nebenstand. Man konnte förmlich sehen, wie seine Gedanken hin und her hüpften. Die nette, rundliche Dame nebenan war aber auch ein Hingucker! Bunt wie ein Papagei, mit Ohrringen und Ketten behängt, an jedem Finger einen Ring, rote Apfelbäckchen und ein übergroßer, knallroter Mund. Antonia wurde unruhig, sie kannte ihren kleinen Liebling zu genau. Wenn Xaver jemanden mit diesem Blick beobachtete, konnte sie sicher sein, dass gleich eine Explosion losging. Sie schaute zu dieser „Papageiendame" rüber und lächelte sie an. Die weißblonden Haare waren ganz wild durcheinander gekämmt und standen mehr oder weniger vom Kopf ab, obwohl sie von einem Dutzend Kämmchen und Spangen gebändigt wurden. „Drollig", fand Toni diese Blondine. ‚Blondine', schoss es ihr durch den Kopf. O Gott, jetzt beugte Xaver sich zu dieser drolligen Dame rüber! Er fragte sie etwas, daraufhin brach sie in ein dröhnendes Gelächter aus.

„Xaver, bitt schön, belästige die Dame nicht."

„Mum, sie hat nichts dagegen, dass ich einen Blondinenwitz erzähle. Sie sagt, sie sei gar keine echte Blondine, also kann ich ruhig Blondinenwitze erzählen. Außerdem hab ich ihr verraten, dass ich Blondinen liebe, weil meine Mum eine ist. Gell, Mum, du bist eine echte Blondine und megagescheit."

Vor ihrem Stand hatte sich wieder eine kleine Menge Leute eingefunden, die einige Kisten durchstöberten.

„Xaver, schau e bisserl, ob du helfen kannst." Toni wollte ihn von seinem Interesse an der falschen Blondine abbringen.

Plötzlich stand ein junger Mann vor ihr, die auffallenden schwarzen Lederklamotten ließen auf einen Motorradfahrer schließen. Aber Xaver interessierte weniger das schwarze Lederoutfit, vielmehr interessierte ihn eine Riesenkette, die der Mann um den Hals trug. Das Auffällige an dieser Kette war ein Dutzend Zähne, die aufgereiht nach Größe daran baumelten. Xaver war fasziniert.

Der Mann in Leder bemerkte sein Interesse.

„Na, gefällt sie dir?"

Xaver nickte stumm. „Das sind Hundezähne, Zähne von einem Hamster und von einem Pferd. Auch von einem Esel. Und einen Affenzahn hab ich auch drauf." Der Ledermensch begann sie alle der Reihe nach aufzuzählen.

Xaver war beeindruckt. „Wow! Moment, ich hab auch einen Zahn." Er kramte in seiner Dose mit den diversen Schmucksachen. Voller Stolz hielt er ihm den Goldzahn unter die Nase. „Bitte, den könnens ham, so einen Zahn haben Sie bestimmt nicht, den gibt's nur bei mir. Den verkaufe ich Ihnen. Der ist von einer Miezekatze."

„Aber Moment mal", warf der Mann in Schwarz ein, „das ist doch ein Goldzahn?!"

„Tja, stimmt!", bekräftigte Xaver mit einem Kopfnicken. Dabei hatte er wieder diesen „Ach so bedeutungsvollen Blick", den seine Mum allzu gut kannte. Dieser Ausdruck in seinem wachen Gesicht ließ Toni leicht unruhig werden.

Der Mann wiederholte seine Frage.

„Hm", nickte Xaver. Dabei schaute er verschmitzt zu seiner Mum. „Das ist der Goldzahn von meiner Mum. Der wurde wieder aus ihrem Mund herausgeholt, weil er ihr Beschwerden verursacht hat. Meine Mum ist eine ganz liebe Miezekatze. Dir fehlt doch noch ein Zahn von einer Katze, oder? Den kannst du zu den anderen Zähnen an deine Kette hängen. Soll ich dir was sagen? Meine Mum ist die liebste und gescheiteste Frau auf der ganzen Welt!" Leiser fügte er hinzu: „Obwohl's eine Blondine ist, ich liebe Blondinen. Willst du jetzt den Goldzahn mitnehmen?"

„Na, klaro nehme ich den mit", erwiderte der Mann. „Was ist der Zahn dir denn wert?"

Xaver schaute verstohlen zu seiner Mum. „Eigentlich ist er unverkäuflich."

„Na also, eben hast du ihn mir noch angeboten. Was nun?", fragte der junge Mann.

„Okay", sagte Xaver, „einhundert Euro."

Toni verschlug es die Sprache. „Xaver, bist narret?!"

Der Mann in Schwarz zückte seinen Geldbeutel und legte langsam das Geld auf den Tapeziertisch.

Xaver stupste seine Mum an und sagte: „Cool, Mum, dafür können wir uns Farbe kaufen, du wolltest doch unsere Wohnung streichen."

Toni schaute Xaver an und lachte. „Schön wär's schon, wenn wir dieses Geld hätten, Xaver, aber das ist einfach zu viel, was du dem

Herrn für diese Goldkrone abnimmst."

„Aber dafür hat er einen Goldzahn von der gescheitesten und schönsten und besten Miezekatze, die dazu noch eine Natur-Blondine ist, an der Kette baumeln."

„Er ist weg. Dieser schwarze Ledermann ist weg, mit dem Goldzahn."

„Cool, Mum, aber das Geld hat er dagelassen."

# Vita

Herma Meuer, geboren 1941 in Bad Königswart, ehemalige CSSR. 1946 ausgesiedelt nach Hessen. Seit 1968 wohnhaft in Rosbach v.d.H. Verheiratet, tätig im familieneigenen Handwerkerbetrieb. Drei Kinder und vier Enkelkinder bereichern ihr Leben. Sie schreibt Gedichte und Kurzgeschichten und widmet sich der Aquarellmalerei. Erste Veröffentlichung eines Gedichtes, in einer Anthologie erschienen, im Jahre 2005. Ihre Lieblingsdichter sind Mascha Kaléko, Rainer Maria Rilke, Joachim Ringelnatz.